ANI-FEIL-AIDD

Gwyn Thomas

Lluniau Jac Jones

Gomer

I Cadi Siwan a Steffan Sion ~ J.J.

Cyhoeddwyd yn 2010 gan Wasg Gomer,
Llandysul, Ceredigion SA44 4JL
www.gomer.co.uk

ISBN 978 1 84851 172 9

Dymuna'r cyhoeddwyr gydnabod cymorth
Cyngor Llyfrau Cymru.

Argraffwyd a rhwymwyd yng Nghymru gan
Wasg Gomer, Llandysul, Ceredigion SA44 4JL

Rhagair

Rydw i'n amau fod rhai ohonom ni, heb enwi neb, yn mynd yn wirionach wrth fynd yn hŷn. Gobeithio y bydd yr wyddor wirion yma at ddant rhywrai, yn blant ac, efallai, rai tadau a mamau. Y mae Jac Jones yn gallu gwneud gwyrthiau efo pob llyfr y mae o'n ei gyffwrdd, a bydd ei gyfraniad enfawr i'r llyfr hwn yn amlwg i bawb: diolch iddo. A diolch i Sioned Lleinau am weld posibiliadau pethau.

Gwyn Thomas

Cynnwys

rmadilo

Nid creadur i'w anwylo
Ydi'r **A**rmadilo.

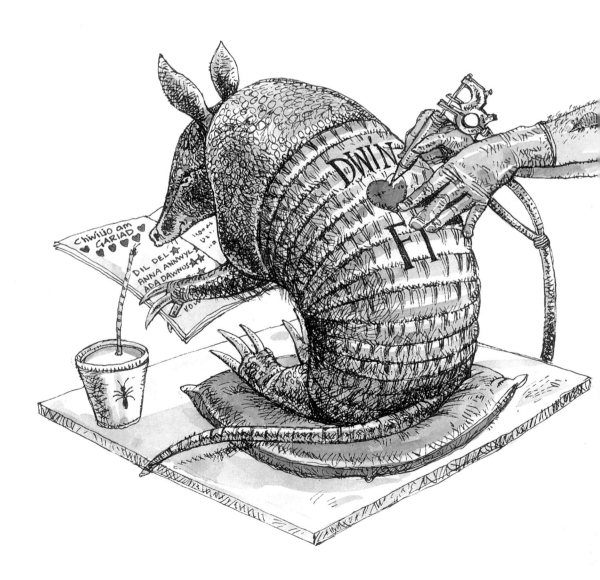

Baracwda

'Yn y bora CODA,'
Ydi'r gri a glywir bob dydd
Yng ngartre'r Baracwda.

rocodeil

Y mae pob **C**rocodeil
Yn cadw **ANFERTH** o ffeil
Sy'n cynnwys enwa' a chyfeiriada'
Pawb y mae o wedi eu bwyta.

9

Ch_{wadan}

Braidd yn fflat-wadan
Ydi pob **Ch**wadan.

10

Draig

Does yna, bellach, ddim un **Dd**raig
Am i'r dwetha' un o'r brîd
Fethu dod o hyd i wraig.

[Y] **Dd**afad

Y mae'n ffaith na ellir cael 'DDAFAD'
Heb 'Y' o'i blaen hi yn wastad.

Eliffant

Dydi bod yn athro plant
Ysgol feithrin ddim at ddant
Yr un **E**li-ffant.

Fampir

Yr unig adeg, yn wir,
I neb weld unrhyw Fampir
Oedd hwnnw oedd yn aelod
Reit selog o'r Cyngor Sir.
Ond fe wnaeth o ymadael
A landio ar ei draed
Yn y gwasanaeth rhoddi GWAED.

Ffesant

Aderyn bob lliw ydi'r **Ff**esant,
Yn union 'run fath â'r papur
Rydym ni yn ei lapio am bresant.

orila

Paid byth â phriodi **G**orila
Neu fe fyddi di mewn mess –
Os nad wyt ti'n Gorila-es.

[fy] **Ng**hwningen

Mae'n siŵr gen i
Fod yn well ganddi hi –
Sef fy **Ng**hwningen annwyl i –
Fod yn hi
Na bod, dwedwch chi,
Yn falwen neu yn slywen.

Heiena

Y mae hwn yn un o'r rhei'na
Sy'n honni iddo ddysgu chwarae'r fiola
Mewn cerddorfa yn Fienna.

Iwrch

Mae bod yn **I**wrch
Yn sicir i chi yn well
Na bod yn Dwrch.

Jiráff

Yn ein hysgol
Yr aelod mwyaf rhyfeddol
Ar y staff . . .

Oedd Jiráff.

Lama

Nid yn amal y gwelir y **L**ama
Ar y bryniau sy 'na yn fa'ma.
Fe aethant bron i gyd
I ben pella un y byd
I le eithriadol o beryg
Yn rhywle yn ne yr Amerig.

Llew

Y mae hi'n rîli anodd
Bod yn **Ll**ew efo'r ddanno'dd.

Mamba

A dweud y gwir dydi'r **M**amba
Ddim yn brîl ar berfformio y samba,
　Ond peidiwch, da chi,
　Â dweud hyn wrthi hi
Neu mi pigith chi oddi yma i Zambia.

Neidr

Gelwir pob **N**eidr
Sydd wedi colli ei hiss...

Yn Mith.

Orang-wtan

Uchelgais pob **O**rang-wtan
Ydi dysgu dreifio fan.

PORCIWPEIN

Does dim llawer iawn o'r rhein
Yn gweithio ar y lein
Dim ond os yw'r gwasanaeth trenau
Yn cael llu o broblemau.

[ei] **Ph**ioden

Nid yw ei **Ph**ioden hi
Yn un neilltuol o glên;
A dweud y gwir yn blaen, wyddoch chi,
Y mae hi'n surbwch hyll,
Annymunol, gysetlyd, blin,
Ac yn ddiarhebol o ddi-wên.

Rotweilyr

Y ffordd ddiogela'
I gario **R**otweilyr
Ydi
Mewn treilyr!

Rheinoseros

Yn ei gôt fawr a'i jersi,
'**Braidd yn glòs**
Ydi hi,'
Meddai'r **Rh**einoseros.

Sgync

Mi fydd y **S**gync
Gyda ni am byth
Am na all o fynd
Yn ex-stincd.

T jimpansî

Does yna'r un yn ein tŷ ni,
Ond rydw i'n amau fod yna **DRI**
Yn eich tŷ chi.

Threskiornithidae

Os ydych chi'n dderyn yn y teulu hwn

Fe fydd eich pig chi ar siâp llwy,

Mae hynny'n fwy

Na phig cyffredin

Ac i'r dim at fwyta pwdin,

Ond er mwyn ichi fedru bwyta porc

Rhaid ichi gael pig fel cyllell a fforc.

ncorn

I'r **U**ncorn, ei orchwyl ddi-ball
Ydi chwilio am ei gorn
Colledig arall.

[Y] Wenci

Dipyn o benci,
A dweud y gwir,
Ydi'r **W**enci.